Impressum
Verlag: BABADADA GmbH, Nedderfeld 112 , 22529 Hamburg
Geschäftsführer / Verlagsleitung: Harald Hof
Druck: Books on Demand GmbH, In de Tarpen 42, 22848 Norderstedt

Imprint
Publisher: BABADADA GmbH, Nedderfeld 112 , 22529 Hamburg, Germany
Managing Director / Publishing direction: Harald Hof
Print: Books on Demand GmbH, In de Tarpen 42, 22848 Norderstedt

学校
okul

割り算
böl

186/2

黒板
tahta

教室
sınıf

校庭
okul bahçesi

教師
öğretmen

紙
kağıt

ペン
kalem

書く
yazmak

事務机
masa

定規
cetvel

本
kitap

生徒
öğrenci

ランドセル

okul çantası

筆入れ

kalemlik

鉛筆

kurşun kalem

鉛筆削り

kalem açacağı

消しゴム

silgi

スケッチブック

çizim defteri

スケッチ

çizim

絵筆

resim fırçası

絵の具箱

boya kutusu

はさみ

makas

接着剤

tutkal

練習帳

alıştırma kitabı

宿題

ödev

数

sayı

足し算

ekle

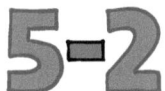

引き算

çıkar

かけ算

çarp

計算する

hesapla

文字

harf

アルファベット

alfabe

単語

kelime

テキスト

metin

読む

okumak

チョーク

tebeşir

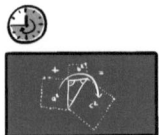

授業

ders

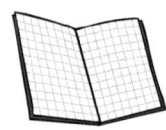

学級日誌

kayıt

試験

sınav

通知表

sertifika

制服

okul forması

教育

eğitim

百科事典

ansiklopedi

大学

üniversite

顕微鏡

mikroskop

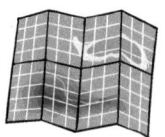

地図

harita

ごみ箱

kağıt çöp kutusu

旅行

seyahat

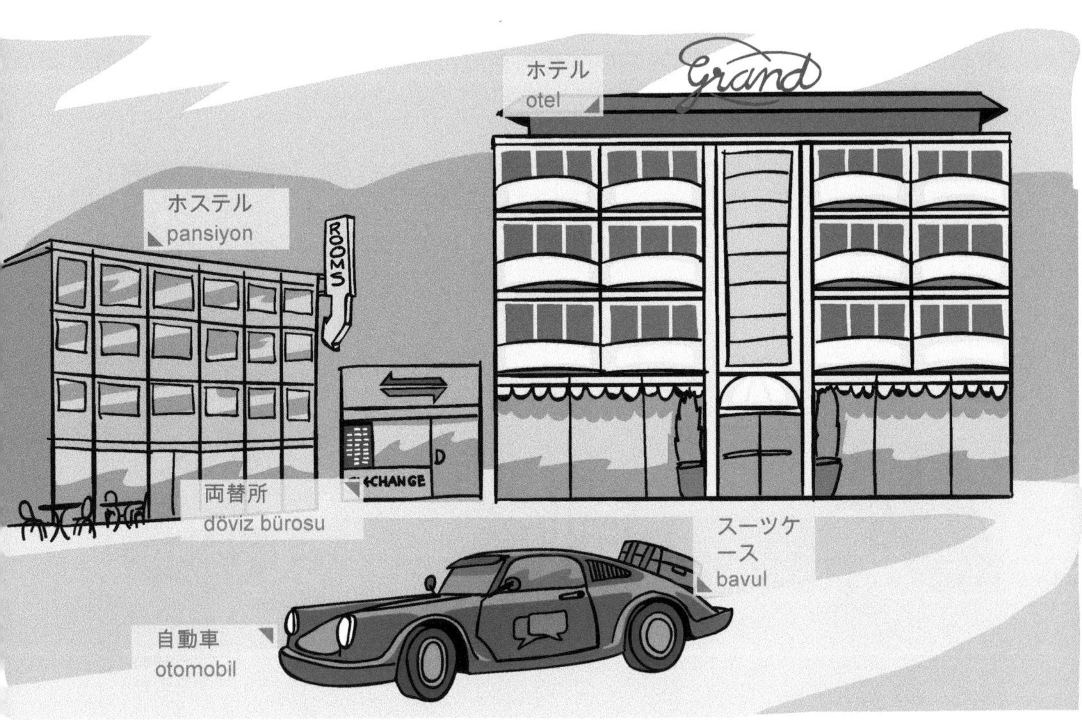

ホテル
otel
Grand
ホステル
pansiyon
ROOMS
両替所
döviz bürosu
EXCHANGE
スーツケース
bavul
自動車
otomobil

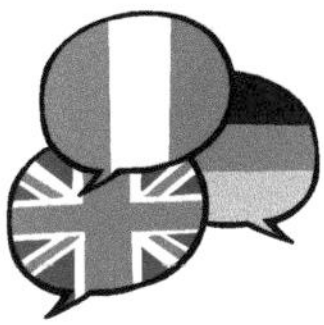

言語

dil

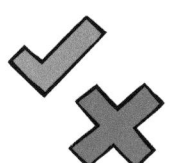

はい / いいえ

evet / hayır

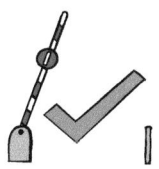

問題ない

Tamam

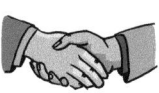

ハロー

merhaba

翻訳者

çevirmen

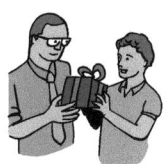

ありがとう

Teşekkür ederim

…はいくらですか？

bu … ne kadar?

わかりません

anlamadım

問題

problem

こんばんは！

İyi akşamlar!

おはようございます！

Günaydın!

おやすみなさい！

İyi geceler!

さようなら

güle güle

方向

yön

手荷物

bagaj

バッグ

çanta

リュックサック

sırt çantası

お客様

misafir

部屋

oda

寝袋

uyku tulumu

テント

çadır

旅行者情報

turist danışma

ビーチ

sahil

クレジットカード

kredi kartı

朝食

kahvaltı

昼食

öğle yemeği

夕食

akşam yemeği

チケット

Bilet

エレベーター

asansör

スタンプ

pul

境界

sınır

税関

gümrük

大使館

elçilik

ビザ

vize

パスポート

pasaport

輸送

ulaşım

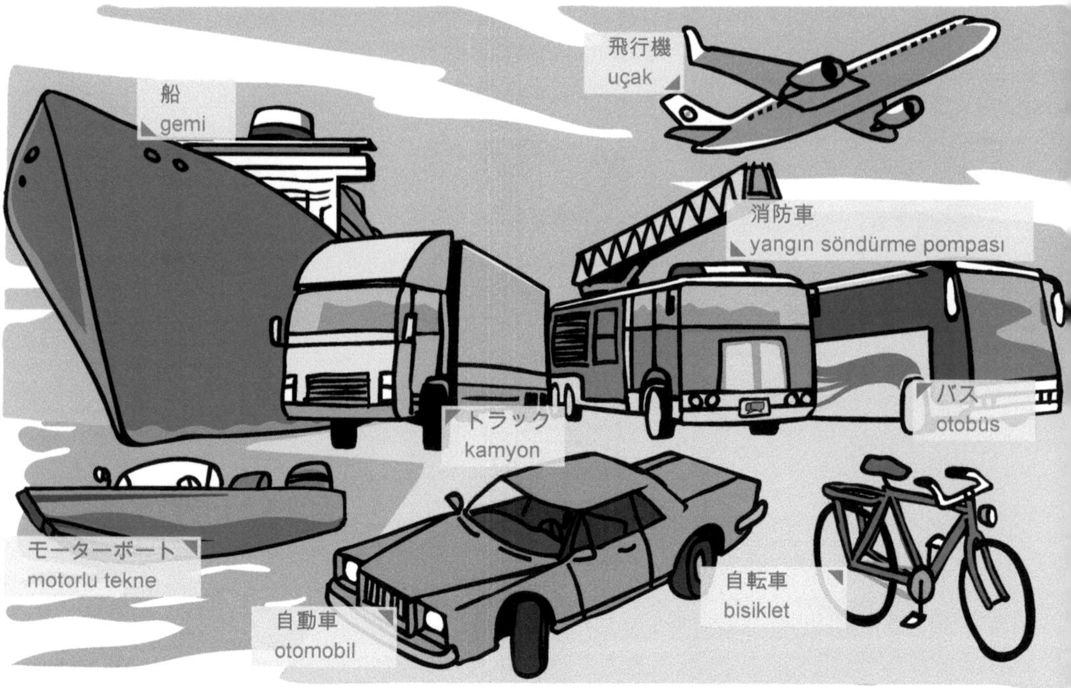

飛行機
uçak
船
gemi
消防車
yangın söndürme pompası
バス
otobüs
トラック
kamyon
モーターボート
motorlu tekne
自転車
bisiklet
自動車
otomobil

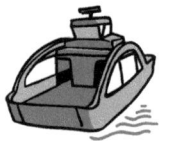

フェリー

feribot

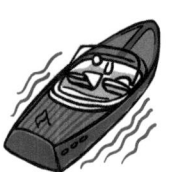

ボート

bot

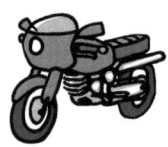

バイク

motosiklet

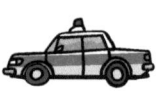

パトカー

polis arabası

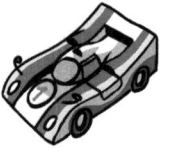

レーシングカー

yarış arabası

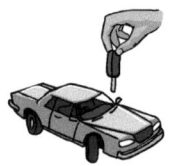

レンタカー

kiralık araba

カーシェアリング

ortak araba

レッカー車

çekici

ごみ収集車

çöp kamyonu

モーター

motor

燃料

yakıt

ガソリンスタンド

benzinlik

交通標識

trafik işareti

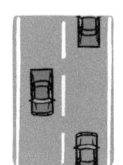

交通

trafik

渋滞

trafik sıkışıklığı

駐車場

otopark

駅

tren istasyonu

道

ray

列車

tren

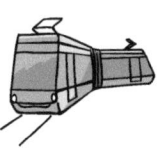

路面電車

tramvay

車両

vagon

ヘリコプター

helikopter

空港

havaalanı

タワー

kule

乗客

yolcu

コンテナ

konteyner

段ボール箱

koli

カート

yük arabası

カゴ

sepet

離陸 / 着陸

kalkış / iniş

都市

şehir

村

köy

都心

şehir merkezi

家

ev

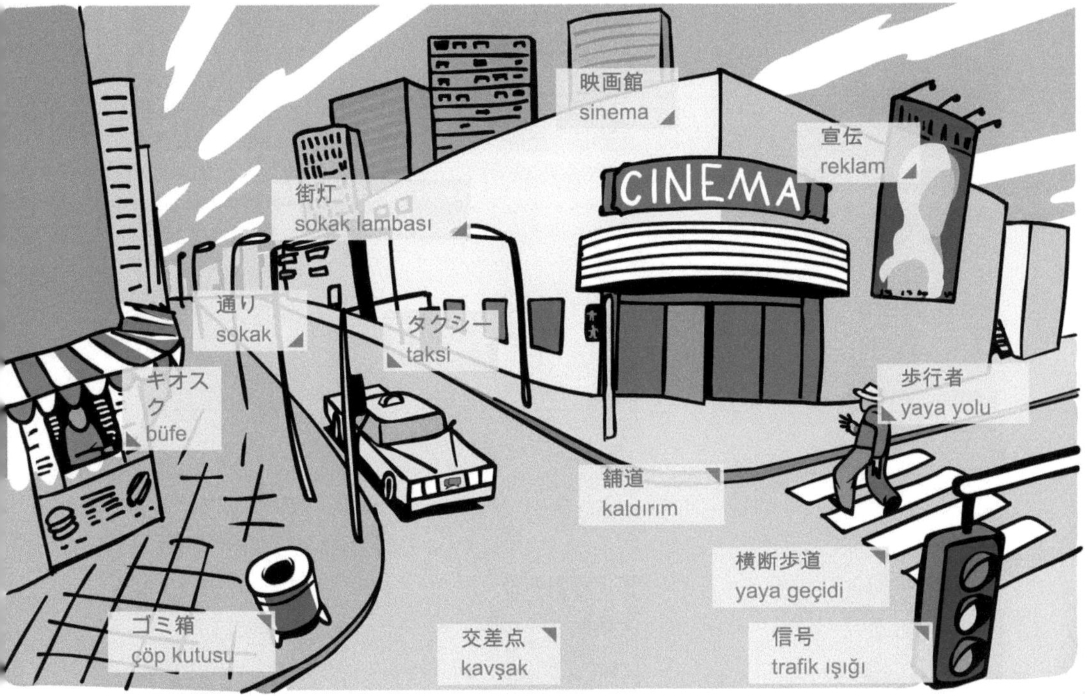
映画館
sinema
宣伝
reklam
CINEMA
街灯
sokak lambası
通り
sokak
タクシー
taksi
キオスク
büfe
歩行者
yaya yolu
舗道
kaldırım
横断歩道
yaya geçidi
ゴミ箱
çöp kutusu
交差点
kavşak
信号
trafik ışığı

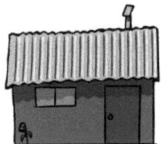

小屋

kulübe

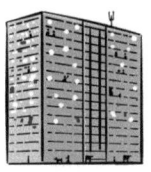

アパート

apartman dairesi

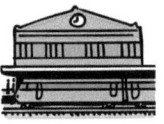

駅

tren istasyonu

市役所

belediye binası

MUSEUM

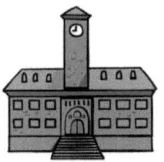

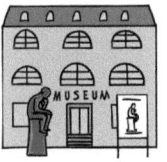

美術館

müze

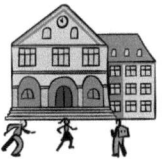

学校

okul

大学

üniversite

銀行

banka

病院

hastane

ホテル

otel

薬局

eczane

オフィス

ofis

書店

kitapçı

ショップ

mağaza

花屋

çiçekçi

スーパーマーケット

süpermarket

市場

market

デパート

büyük mağaza

魚屋

balık satıcısı

ショッピングセンター

alışveriş merkezi

港

liman

公園
park

ベンチ
bank

橋
köprü

階段
merdiven

地下鉄
metro

トンネル
tünel

バス停
otobüs durağı

バー
bar

レストラン
restoran

ポスト
posta kutusu

道路標識
sokak tabelası

パーキングメーター
otopark sayacı

動物園
hayvanat bahçesi

スイミングプール
yüzme havuzu

モスク
cami

農場
çiftlik

汚染
kirlilik

墓地
mezarlık

教会
kilise

遊び場
oyun alanı

寺
tapınak

風景
arazi

葉
yaprak

道標
yön tabelası

道
yol

草地
çayır

石
taş

木
ağaç

ハイカー
yürüyüşçü

川
ırmak

草
çimen

花
çiçek

谷

vadi

山

tepe

湖

göl

森

orman

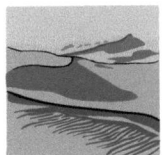

砂漠

çöl

火山

volkan

城

kale

虹

gökkuşağı

キノコ

mantar

ヤシの木

palmiye

蚊

sivrisinek

ハエ

sinek

蟻

karınca

ミツバチ

arı

クモ

örümcek

カブトムシ

böcek

蛙

kurbağa

リス

sincap

ハリネズミ

kirpi

ウサギ

yabani tavşan

フクロウ

baykuş

鳥

kuş

白鳥

kuğu

雄豚

yaban domuzu

鹿

geyik

ヘラジカ

geyik

ダム

baraj

風力タービン

rüzgar türbini

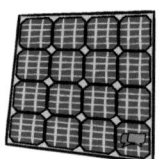

ソーラーパネル

güneş paneli

気候

iklim

レストラン

restoran

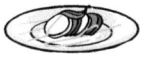

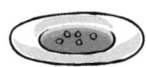

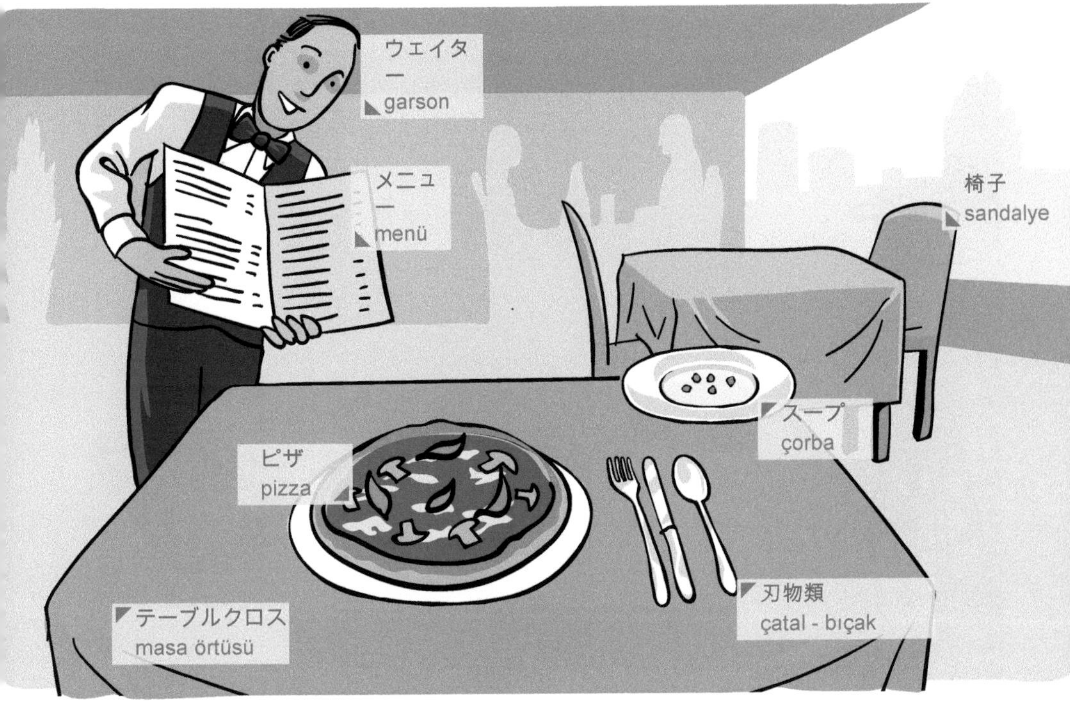
ウェイター
garson
メニュー
menü
椅子
sandalye
スープ
çorba
ピザ
pizza
刃物類
çatal - bıçak
テーブルクロス
masa örtüsü

前菜

başlangıç

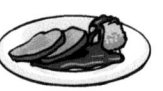

メインコース

ana yemek

デザート

tatlı

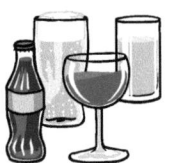

飲み物

içecekler

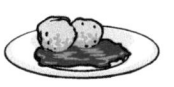

食べ物

yemek

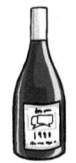

ボトル

şişe

ファストフード

fastfood

屋台の食べ物

sokak yemeği

ティーポット

çaydanlık

砂糖入れ

şekerlik

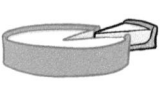

一人前

porsiyon

エスプレッソマシン

espresso makinesi

幼児用食事椅子

mama sandalyesi

請求書

fatura

トレー

tepsi

ナイフ

bıçak

フォーク

çatal

スプーン

kaşık

ティースプーン

çay kaşığı

ナプキン

servis peçetesi

グラス

bardak

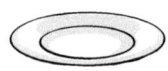

皿
tabak

スープ皿
çorba kasesi

受け皿
fincan altlığı

ソース
sos

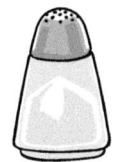

塩入れ
tuzluk

ペッパーミル
karabiber değirmeni

酢
sirke

油
yağ

スパイス
baharat

ケチャップ
ketçap

マスタード
hardal

マヨネーズ
mayonez

スーパーマーケット

süpermarket

特価品
özel teklif
FOR
顧客
müşteri
乳製品
süt ürünleri
果物
meyve
ショッピング・カート
alışveriş arabası

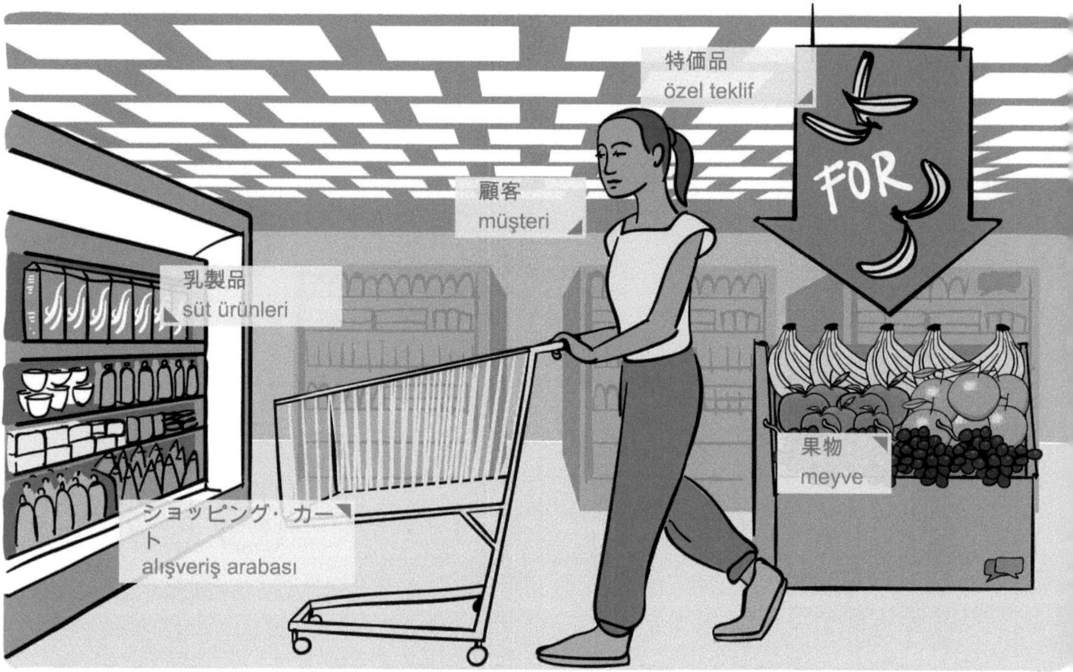

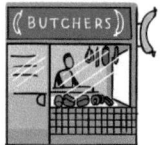

BUTCHERS

肉屋

kasap

BAKERY

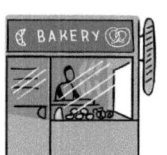

パン屋

fırın

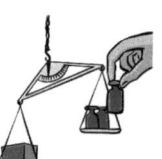

重さをはかる

tartmak

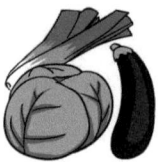

野菜

sebze

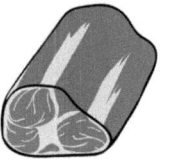

肉

et

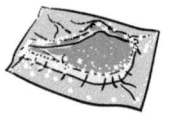

冷凍食品

donmuş gıda

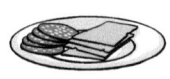

冷肉の薄切り

söğüş et

缶詰食品

konserve yiyecek

洗剤

toz deterjan

菓子

şekerlemeler

家庭用品

ev temizlik ürünleri

清掃用品

temizlik ürünleri

販売員

satış görevlisi

現金箱

yazar kasa

レジ係

kasiyer

買い物リスト

alışveriş listesi

開館時刻

açılış saatleri

財布

cüzdan

クレジットカード

kredi kartı

バッグ

çanta

ポリ袋

plastik poşet

水

su

ジュース

meyve suyu

牛乳

süt

コーラ

kola

ワイン

şarap

ビール

bira

アルコール

alkol

ココア

kakao

紅茶

çay

コーヒー

kahve

エスプレッソ

espresso

カプチーノ

kapuçino

バナナ

muz

リンゴ

elma

オレンジ

portakal

メロン

kavun

レモン

limon

ニンジン

havuç

ニンニク

sarımsak

竹

bambu

玉ねぎ

soğan

キノコ

mantar

ナッツ

çerez

ヌードル

makarna

スパゲッティ

spagetti

米

pirinç

サラダ

salata

フライドポテト

cips

フライドポテト

patates kızartması

ピザ

pizza

ハンバーガー

hamburger

サンドウィッチ

sandviç

カツレツ

şinitzel

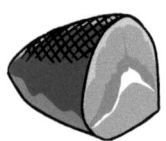

ハム

pastırma

サラミ

salam

ソーセージ

sosis

鶏肉

tavuk

焼き

rosto

魚

balık

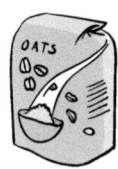

麦のお粥

yulaf ezmesi

ムーズリ

müsli

コーンフレーク

mısır gevreği

小麦粉

un

クロワッサン

kruvasan

ロールパン

küçük ekmek

パン

ekmek

トースト

tost

ビスケット

bisküvi

バター

tereyağı

カッテージチーズ

kaymak

ケーキ

kek

卵

yumurta

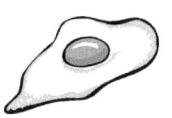

目玉焼き

sahanda yumurta

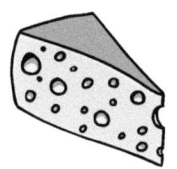

チーズ

peynir

食べ物 - yemek

アイスクリーム

dondurma

砂糖

şeker

はちみつ

bal

ジャム

reçel

ヌガークリーム

fındık ezmesi

カレー

köri

農場
çiftlik

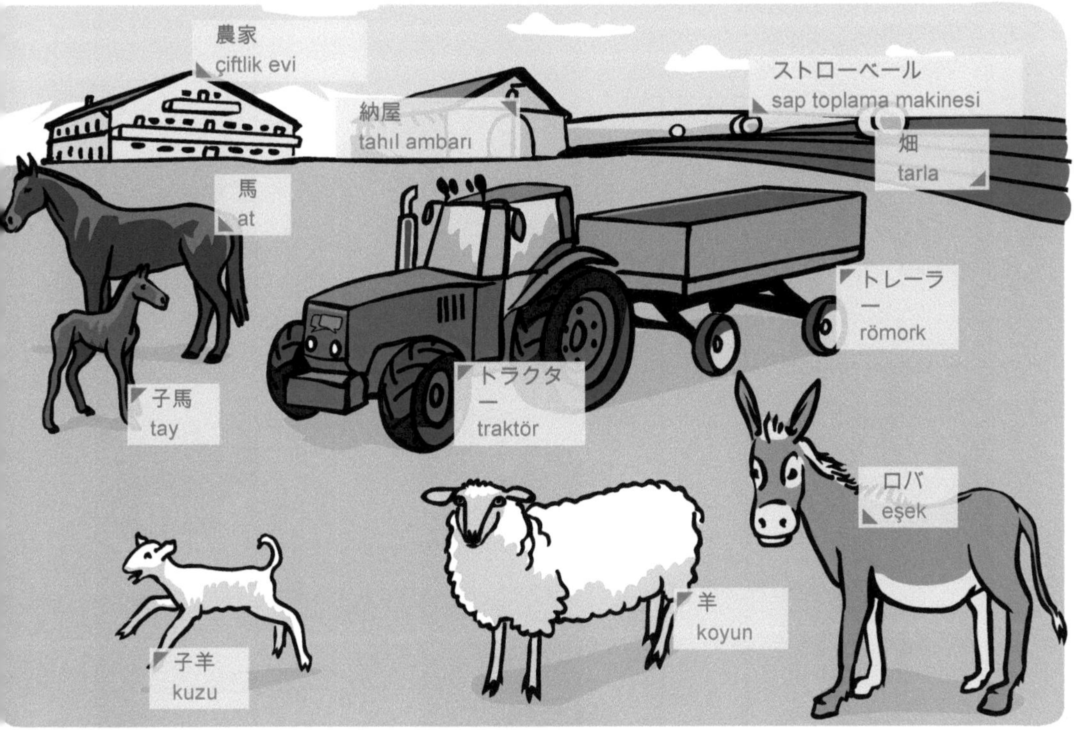
農家
çiftlik evi
納屋
tahıl ambarı
ストローベール
sap toplama makinesi
畑
tarla
馬
at
トレーラ
ー
römork
子馬
tay
トラクタ
ー
traktör
ロバ
eşek
羊
koyun
子羊
kuzu

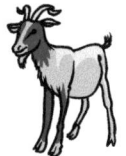

ヤギ

keçi

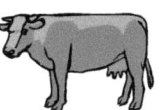

雌牛

inek

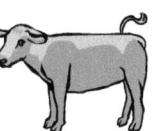

子牛

buzağı

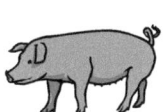

豚

domuz

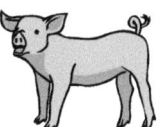

子豚

domuz yavrusu

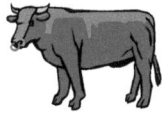

雄牛

boğa

ガチョウ

kaz

アヒル

ördek

ひよこ

civciv

にわとり

tavuk

おんどり

horoz

ネズミ

sıçan

猫

kedi

ねずみ

fare

雄牛

öküz

犬

köpek

犬小屋

köpek kulübesi

散水ホース

bahçe hortumu

じょうろ

sulama kabı

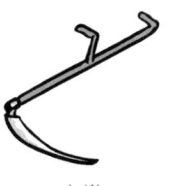

大鎌

tırpan

すき

pulluk

草刈り鎌

orak

くわ

çapa

堆肥用フォーク

dirgen

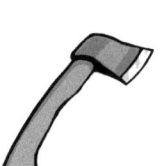

斧

balta

手押し車

el arabası

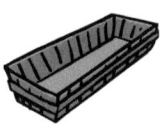

かいばおけ

yemlik

牛乳缶

süt kovası

袋

çuval

フェンス

çit

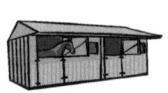

畜舎

ahır

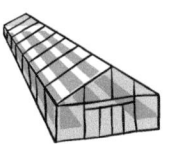

温室

sera

土壌

toprak

種

tohum

肥料

gübre

コンバイン

biçerdöver

収穫する

hasat etmek

収穫

harman

ヤマイモ

tatlı patates

小麦

buğday

大豆

soya

じゃがいも

patates

トウモロコシ

mısır

菜種

kolza

果樹

meyve ağacı

キャッサバ

manyok

穀物

hububat

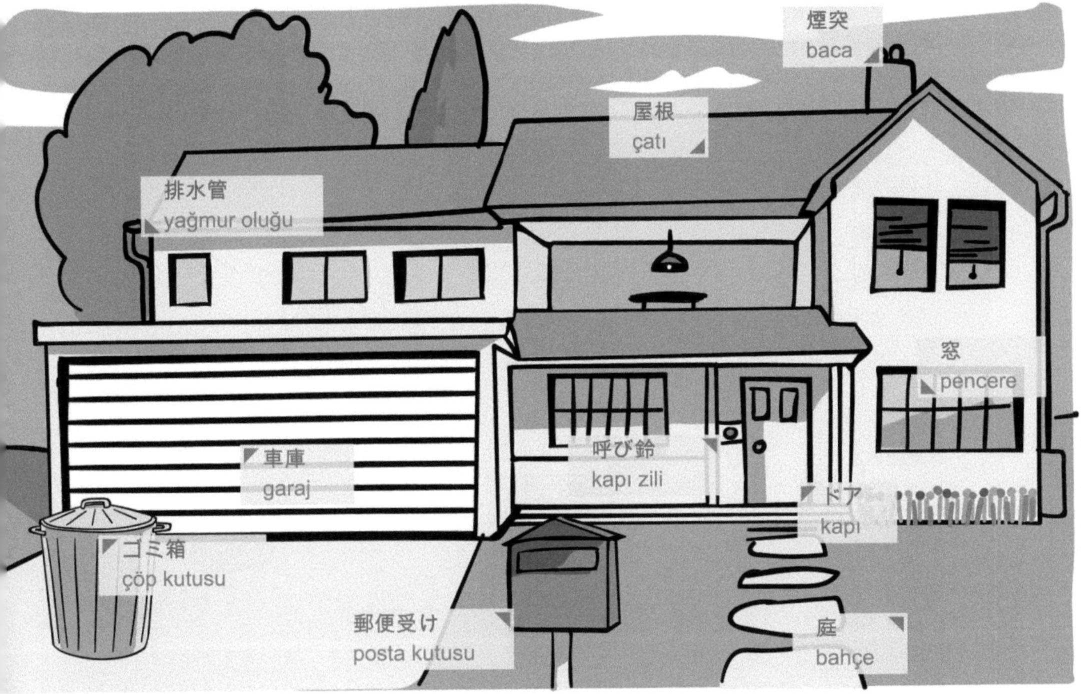

煙突
baca

屋根
çatı

排水管
yağmur oluğu

窓
pencere

車庫
garaj

呼び鈴
kapı zili

ドア
kapı

ゴミ箱
çöp kutusu

郵便受け
posta kutusu

庭
bahçe

リビングルーム

oturma odası

浴室

banyo

台所

mutfak

寝室

yatak odası

子供部屋

çocuk odası

ダイニング・ルーム

yemek odası

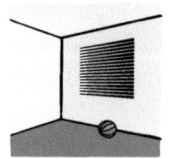

床
zemin

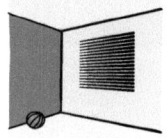

壁
duvar

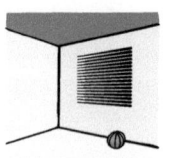

天井
tavan

地下貯蔵庫
kiler

サウナ
sauna

バルコニー
balkon

テラス
teras

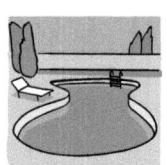

プール
havuz

芝刈り機
çim biçme makinesi

シーツ
çarşaf

ベッドカバー
yatak örtüsü

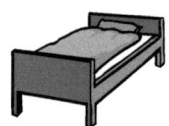

ベッド
yatak

ほうき
süpürge

バケツ
kova

スイッチ
anahtar

リビングルーム
oturma odası

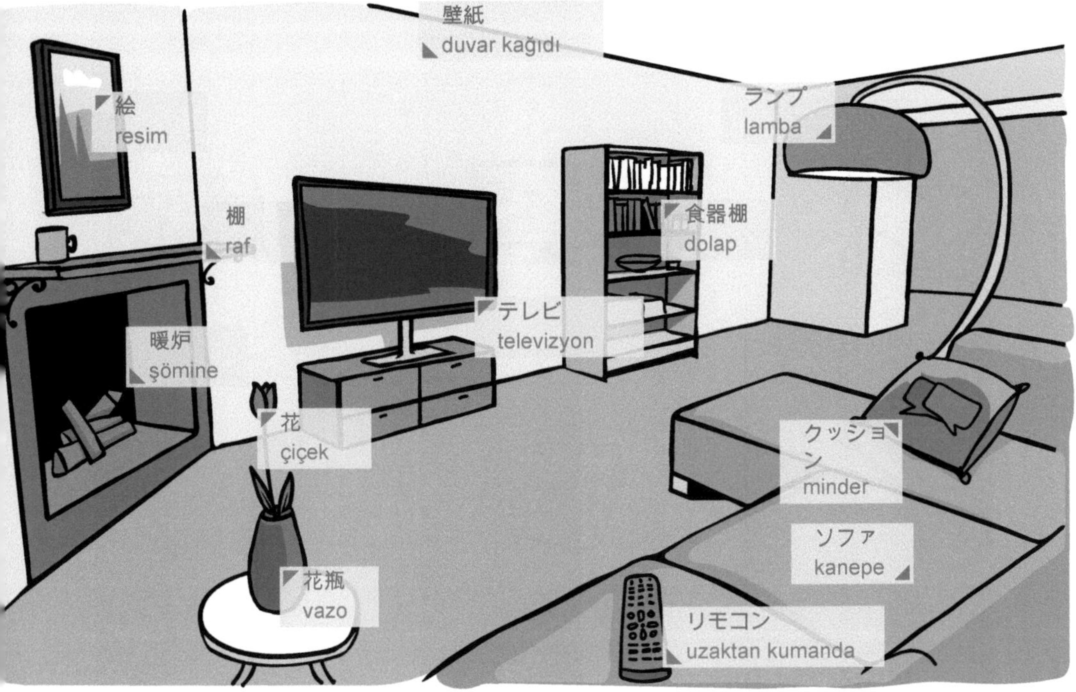
壁紙
duvar kağıdı
絵
resim
ランプ
lamba
棚
raf
食器棚
dolap
テレビ
televizyon
暖炉
şömine
花
çiçek
クッション
minder
ソファ
kanepe
花瓶
vazo
リモコン
uzaktan kumanda

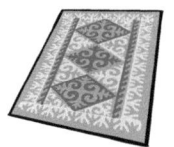

カーペット
halı

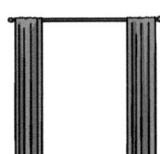

カーテン
perde

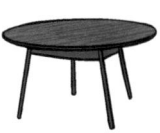

テーブル
masa

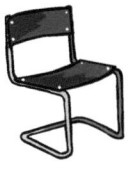

椅子
sandalye

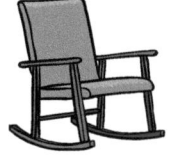

ロッキングチェア
salıncaklı koltuk

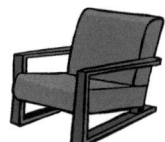

ひじ掛け椅子
koltuk

本

kitap

毛布

battaniye

飾り

dekor

たきぎ

odun

映画

film

ステレオ

hi-fi

鍵

anahtar

新聞

gazete

絵画

tablo

ポスター

poster

ラジオ

radyo

メモ帳

defter

掃除機

elektrikli süpürge

サボテン

kaktüs

ろうそく

mum

台所
mutfak

冷蔵庫
buzdolabı
電子レンジ
mikrodalga fırın
調理用はかり
mutfak tartısı
トースター
tost makinesi
洗剤
deterjan
オーブン
fırın
冷凍室
buzluk
ゴミ箱
çöp kutusu
食器洗い機
bulaşık makinesi

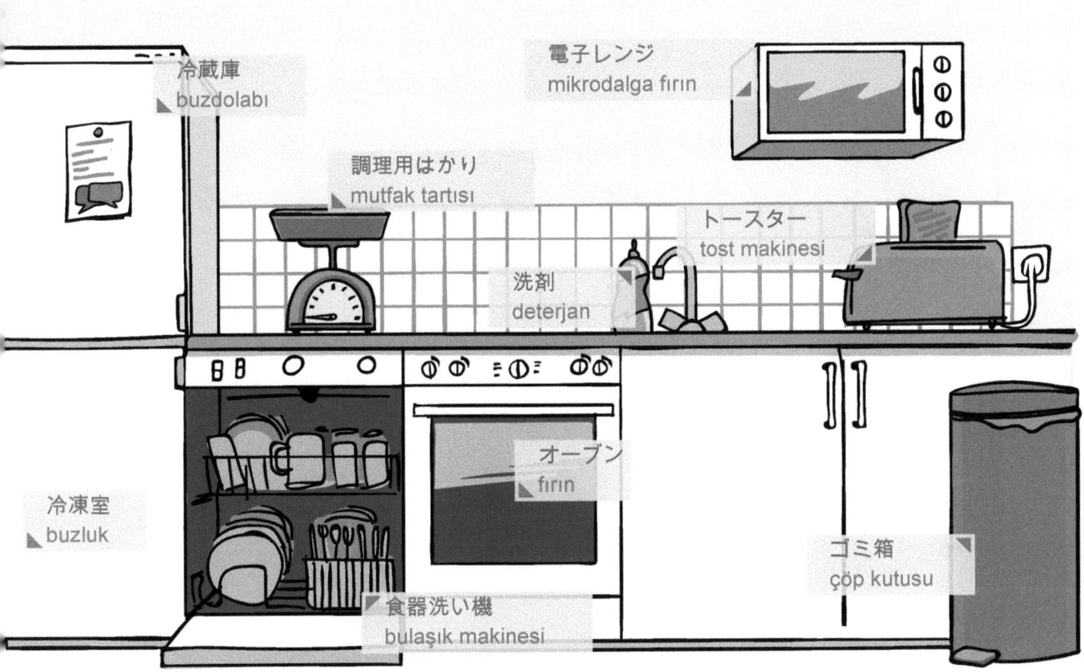

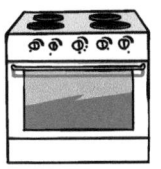

こんろ

ocak

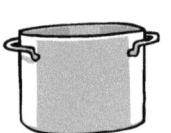

鍋

tencere

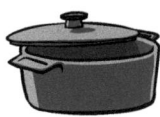

鉄鍋

döküm tencere

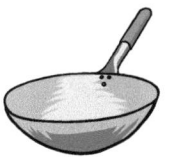

中華鍋/ カダイ鍋

wok

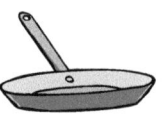

フライパン

tava

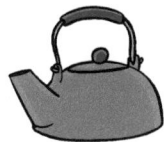

やかん

su ısıtıcı

蒸し器

buharlı pişirici

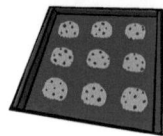

天板

pişirme tepsisi

食器

tabak takımı

マグカップ

kupa

ボウル

kase

箸

çubuk (çin yemeği)

おたま

kepçe

へら

spatula

泡立て器

çırpma teli

こし器

süzgeç

ふるい

elek

すりおろし器

rende

すり鉢

havan

バーベキュー

barbekü

かまど

açık ateş

まな板

kesme tahtası

麺棒

merdane

栓抜き

tirbüşon

缶

konserve kutusu

缶切り

konserve açacağı

鍋つかみ

fırın eldiveni

流し

evye

ブラシ

fırça

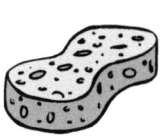

スポンジ

sünger

ミキサー

blender

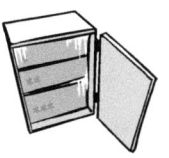

冷凍庫

derin dondurucu

哺乳瓶

biberon

蛇口

musluk

浴室
banyo

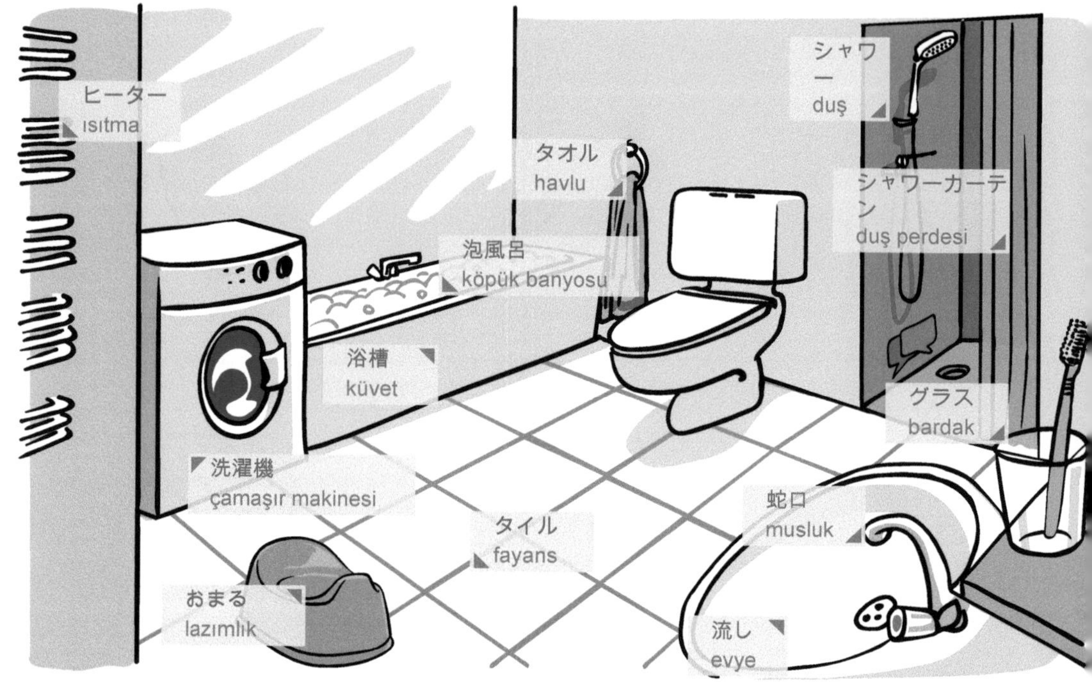

ヒーター
ısıtma
シャワー
duş
タオル
havlu
シャワーカーテン
duş perdesi
泡風呂
köpük banyosu
浴槽
küvet
グラス
bardak
洗濯機
çamaşır makinesi
蛇口
musluk
タイル
fayans
おまる
lazımlık
流し
evye

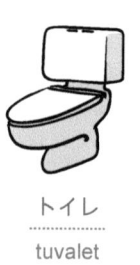

トイレ
tuvalet

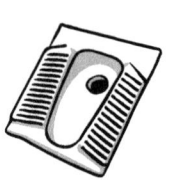

和式トイレ
alaturka tuvalet

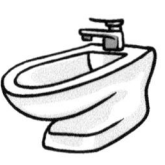

ビデ
bide

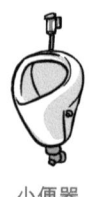

小便器
pisuvar

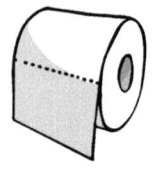

トイレットペーパー
tuvalet kağıdı

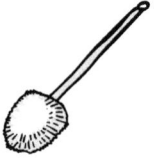

トイレブラシ
tuvalet fırçası

歯ブラシ

diş fırçası

歯みがき

diş macunu

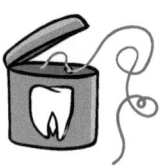

デンタルフロス

diş ipi

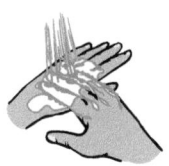

洗う

yıkamak

シャワーヘッド

duş başlığı

ハンドビデ

duş başlığı şeklinde taharet
musluğu

洗面台

küvet

ボディブラシ

banyo fırçası

石鹸

sabun

シャワー用ジェル

duş jeli

シャンプー

şampuan

浴用タオル

banyo lifi

排水口

gider

クリーム

krem

消臭

deodorant

浴室 - banyo

鏡

ayna

手鏡

el aynası

かみそり

jilet

シェービング・フォーム

tıraş köpüğü

アフターシェーブローショ
ン

tıraş losyonu

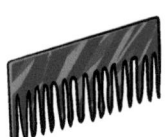

櫛

tarak

ブラシ

fırça

ドライヤー

saç kurutma makinesi

ヘアスプレー

saç spreyi

化粧

makyaj

口紅

ruj

マニキュア

tırnak cilası

脱脂綿

pamuk

爪切り

tırnak makası

香水

parfüm

洗面用具入れ

makyaj çantası

スツール

tabure

体重計

tartı

バスローブ

bornoz

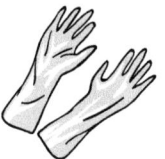

ゴム手袋

lastik eldiven

タンポン

tampon

生理用ナプキン

kadın pedi

ケミカルトイレ

kimyevi tuvalet

子供部屋

çocuk odası

目覚まし時計
çalar saat
ぬいぐるみ
peluş oyuncak
おもちゃの自動車
oyuncak araba
がらがら
çıngırak
ドール・ハウス
bebek evi
プレゼント
hediye

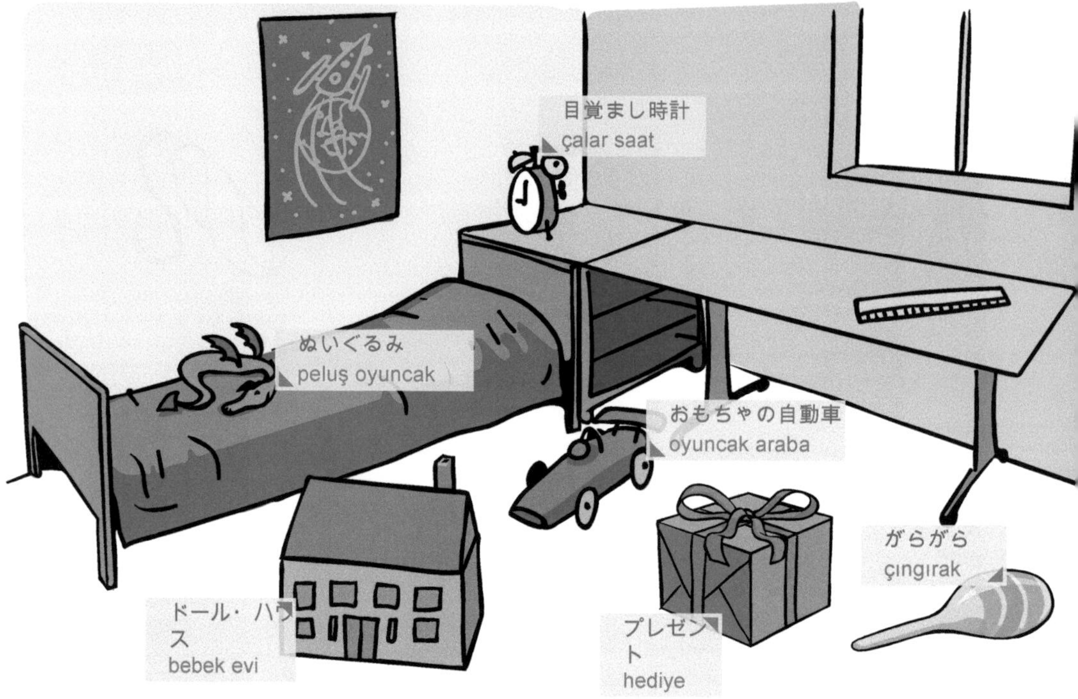

風船

balon

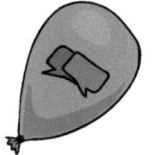

ベッド

yatak

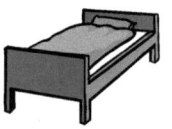

ベビーカー

bebek arabası

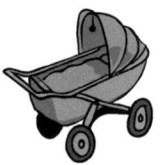

カードゲーム

kart destesi

ジグソーパズル

yapboz

SUPER MEGA

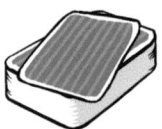

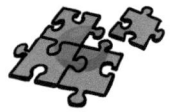

漫画

çizgi roman

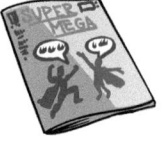

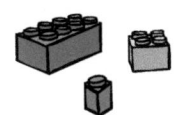

レゴ

lego tuğlaları

玩具ブロック

lego blokları

アクションフィギュア

aksiyon figürü

ロンパース

zıbın

フリスビー

frizbi

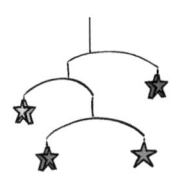

モバイル

dönence

ボードゲーム

masa oyunu

さいころ

zar

鉄道模型

model tren seti

おしゃぶり

emzik

パーティー

parti

絵本

resimli kitap

ボール

top

人形

oyuncak bebek

遊ぶ

oynamak

子供部屋 - çocuk odası

砂場

kum havuzu

ブランコ

salıncak

おもちゃ

oyuncaklar

ゲーム機

video oyun konsolu

三輪車

üç tekerlekli bisiklet

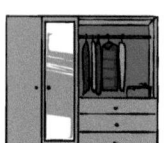

テディベア

oyuncak ayı

衣装ダンス

gardırop

衣服

kıyafet

靴下

çorap

ストッキング

külotlu çorap

タイツ

tayt

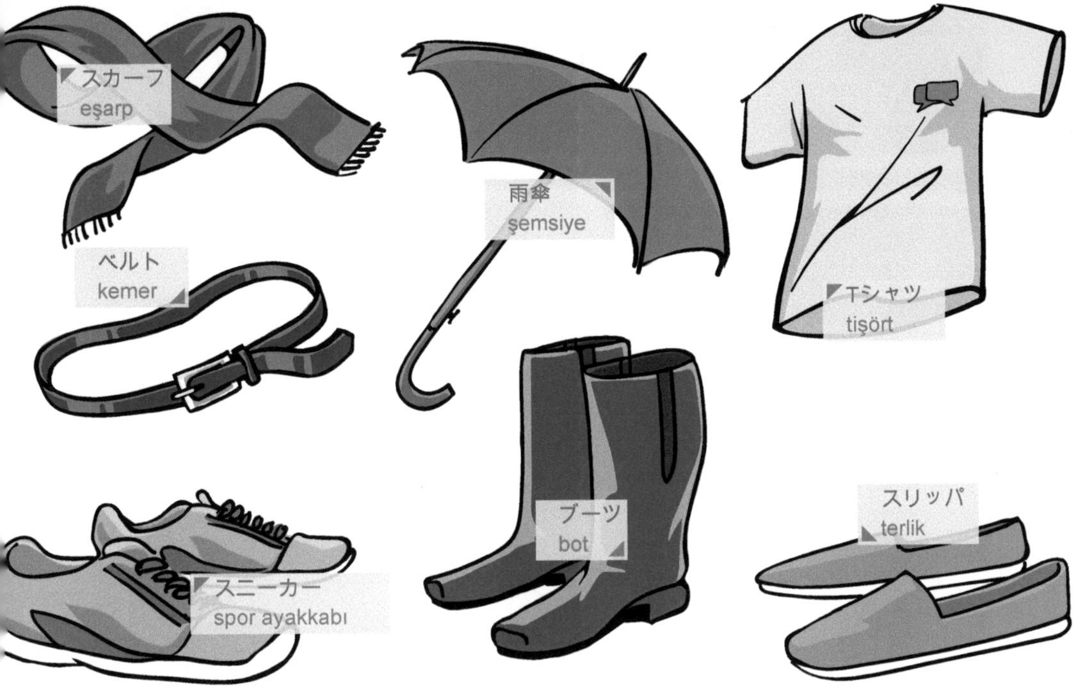

スカーフ
eşarp

雨傘
şemsiye

Tシャツ
tişört

ベルト
kemer

ブーツ
bot

スリッパ
terlik

スニーカー
spor ayakkabı

サンダル

sandalet

靴

ayakkabı

ゴム長靴

lastik çizme

パンツ

külot

ブラ

sütyen

ベスト

yelek

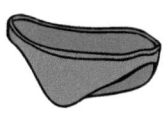

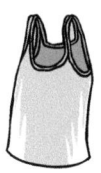

衣服 - kıyafet

45

ボディースーツ

dar bluz

ズボン

pantolon

ジーンズ

kot pantolon

スカート

etek

ブラウス

bluz

シャツ

gömlek

セーター

kazak

パーカー

süveter

ブレザー

blazer

ジャケット

ceket

コート

mont

レインコート

yağmurluk

服装

kostüm

ドレス

elbise

ウェディングドレス

gelinlik

スーツ
takım elbise

ナイトガウン
gecelik

パジャマ
pijama

サリー
sari

ヘッドスカーフ
baş örtüsü

ターバン
türban

ブルカ
burka

カフタン
kaftan

アバヤ
çarşaf

水着
mayo

トランクス
erkek mayosu

半ズボン
şort

スウェットスーツ
eşofman

エプロン
önlük

手袋
eldiven

ボタン

düğme

メガネ

gözlük

ブレスレット

bilezik

ネックレス

kolye

指輪

yüzük

イヤリング

küpe

帽子

kep

ハンガー

portmanto

帽子

şapka

ネクタイ

kravat

ファスナー

fermuar

ヘルメット

kask

サスペンダー

pantolon askısı

制服

okul forması

ユニフォーム

üniforma

よだれかけ

mama önlüğü

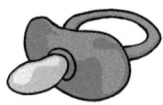

おしゃぶり

emzik

おむつ

bebek bezi

オフィス
ofis

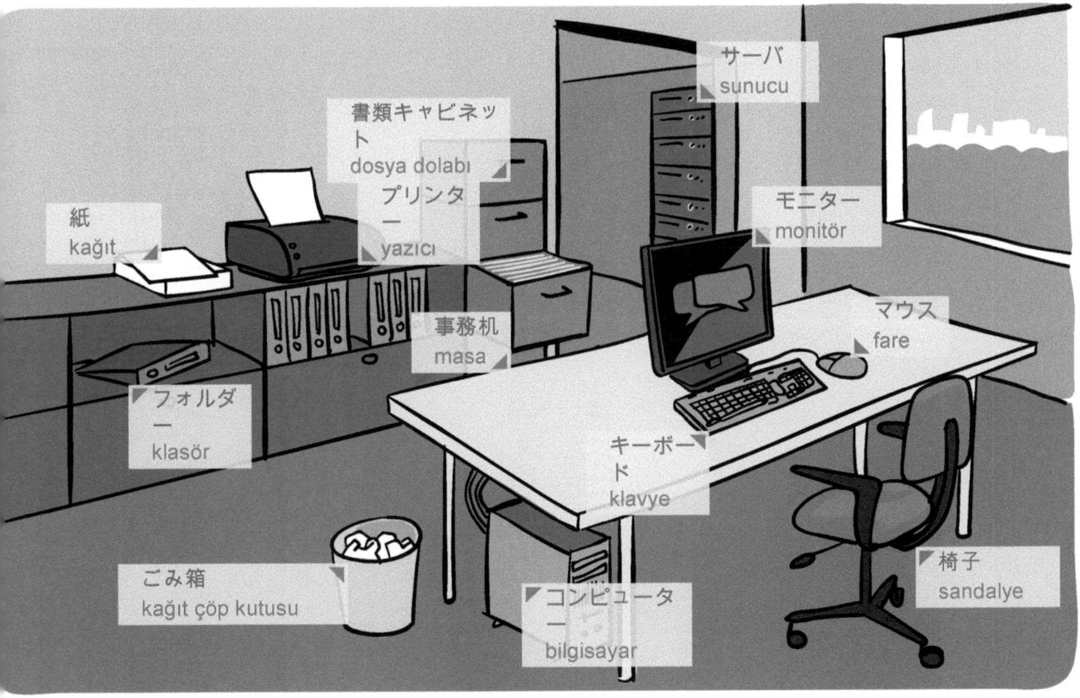

サーバ
sunucu

書類キャビネット
dosya dolabı

プリンター
yazıcı

紙
kağıt

モニター
monitör

マウス
fare

事務机
masa

フォルダー
klasör

キーボード
klavye

椅子
sandalye

ごみ箱
kağıt çöp kutusu

コンピューター
bilgisayar

コーヒーマグ

kahve fincanı

計算機

hesap makinesi

インターネット

internet

ラップトップ

dizüstü

手紙

mektup

メッセージ

mesaj

携帯電話

cep telefonu

ネットワーク

ağ

コピー機

fotokopi makinesi

ソフトウェア

yazılım

電話

telefon

コンセント

priz

ファックス

faks makinesi

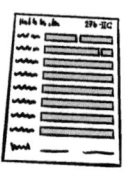

フォーム

form

書類

belge

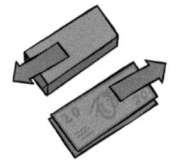

買う

satın almak

支払う

ödemek

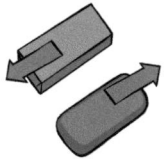

取引する

ticaret yapmak

お金

para

ドル

dolar

ユーロ

avro

円

yen

ルーブル

ruble

スイスフラン

İsviçre frangı

人民元

Çin yuanı

ルピー

rupi

キャッシュポイント

kasa

両替所

döviz bürosu

金

altın

銀

gümüş

油

petrol

エネルギー

enerji

価格

fiyat

契約

kontrat

税金

vergi

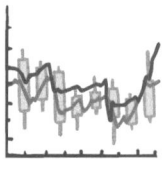

株

menkul değer

働く

çalışmak

従業員

işveren

雇用主

işçi

工場

fabrika

ショップ

mağaza

職業

meslekler

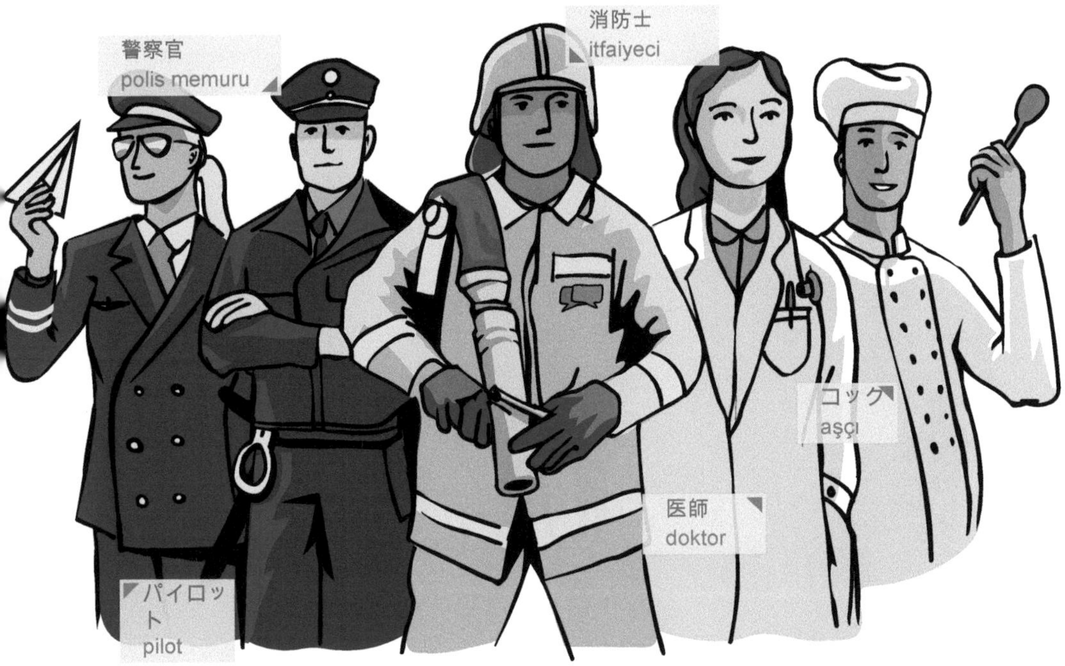
警察官
polis memuru
消防士
itfaiyeci
コック
aşçı
医師
doktor
パイロット
pilot

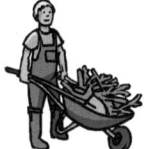

庭師
bahçıvan

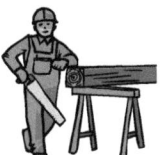

大工
marangoz

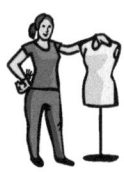

お針子
terzi

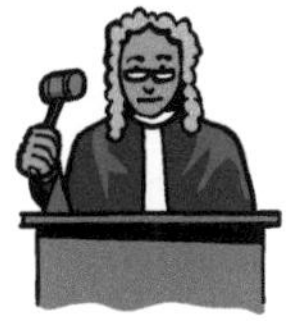

裁判官
hakim

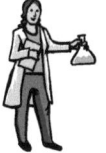

化学者
kimyager

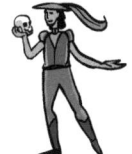

俳優
aktör

バスの運転手

otobüs şoförü

タクシー運転手

taksi şoförü

漁師

balıkçı

掃除婦

temizlikçi

屋根ふき職人

çatı ustası

ウェイター

garson

ハンター

avcı

塗装工

boyacı

パン屋

fırıncı

電気工

elektrikçi

建設作業員

inşaatçı

エンジニア

mühendis

肉屋

kasap

配管工

muslukçu

郵便配達人

postacı

軍人

asker

建築家

mimar

レジ係

kasiyer

花屋

çiçekçi

美容師

kuaför

車掌

kondüktör

機械工

tamirci

キャプテン

kaptan

歯科医

dişçi

科学者

bilim insanı

ラビ

haham

イスラム導師

imam

修道士

keşiş

牧師

rahip

道具

aletler

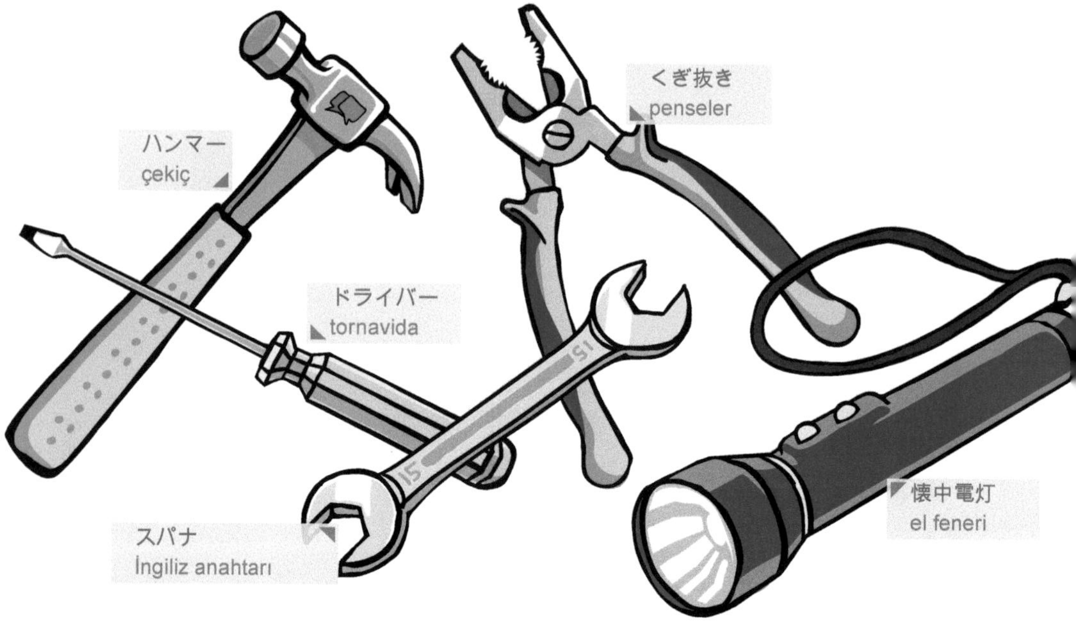

ハンマー
çekiç
くぎ抜き
penseler
ドライバー
tornavida
スパナ
İngiliz anahtarı
懐中電灯
el feneri

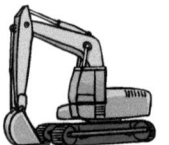

掘削機

kazı makinesi

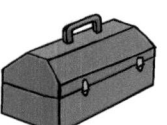

道具箱

alet çantası

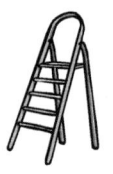

はしご

merdiven

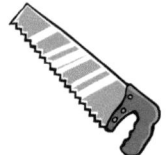

のこぎり

testere

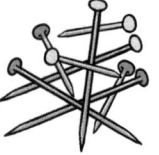

釘

çiviler

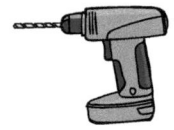

ドリル

matkap

修理する

tamir etmek

シャベル

kürek

クソ！

Kahretsin!

ちりとり

faraş

ペンキ缶

boya tenekesi

ネジ

vidalar

楽器

müzik enstrümanı

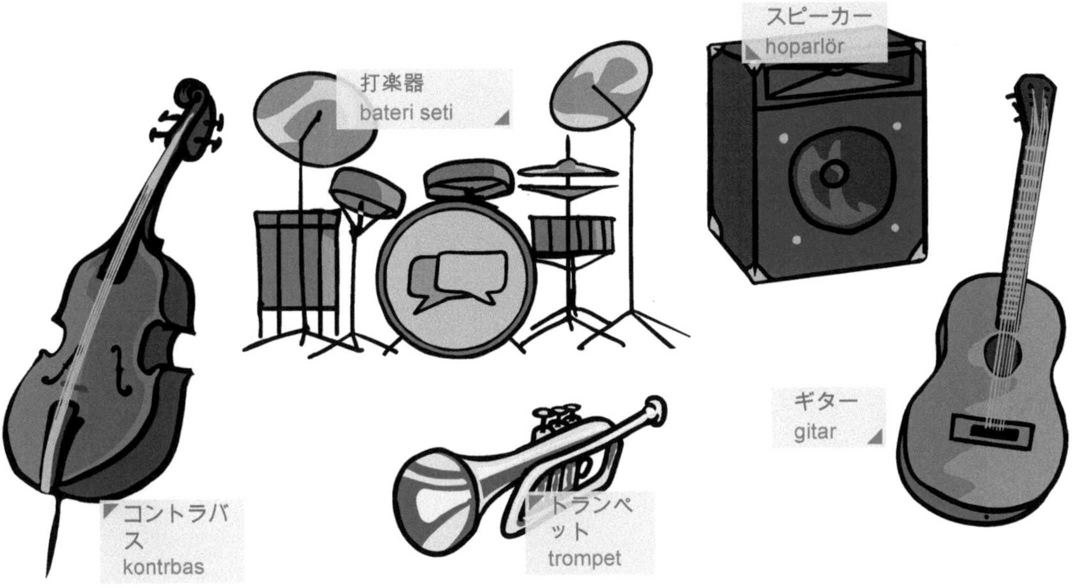

スピーカー
hoparlör

打楽器
bateri seti

ギター
gitar

コントラバ
ス
kontrbas

トランペ
ット
trompet

ピアノ

piyano

バイオリン

keman

バス

basgitar

ティンパニ

timpani

ドラム

bateri

キーボード

klavye

サックス

saksafon

フルート

flüt

マイクロフォン

mikrofon

楽器 - müzik enstrümanı

動物園

hayvanat bahçesi

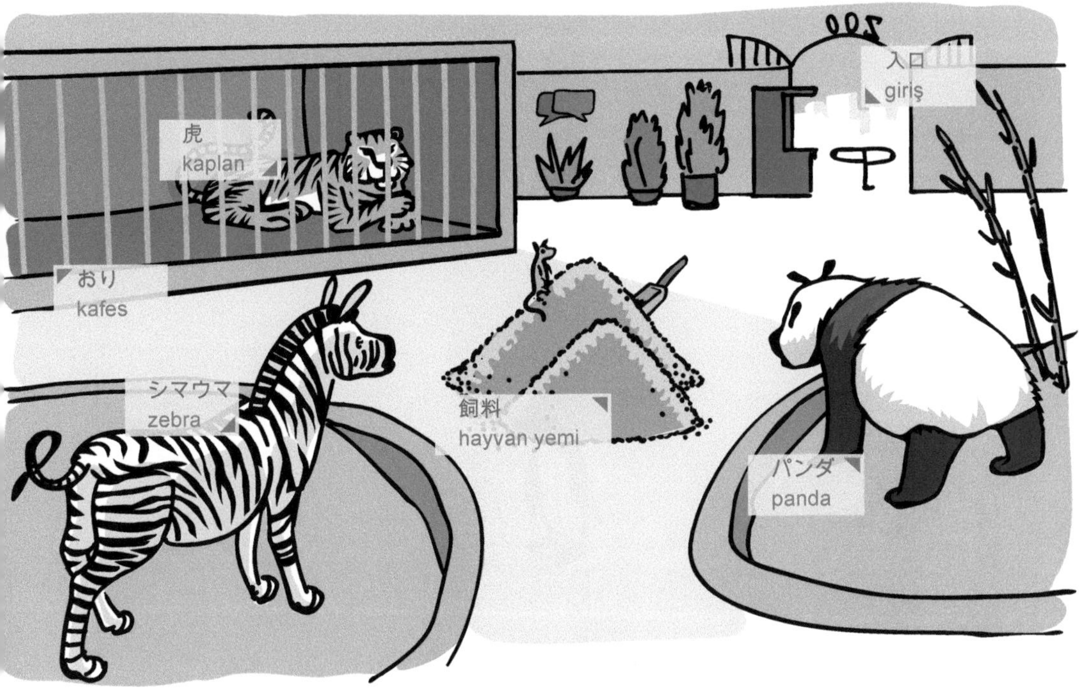
入口
giriş
虎
kaplan
おり
kafes
シマウマ
zebra
飼料
hayvan yemi
パンダ
panda

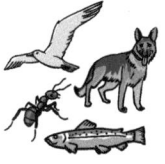

動物

hayvanlar

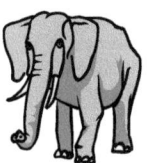

象

fil

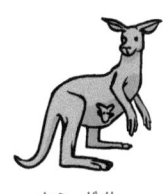

カンガルー

kanguru

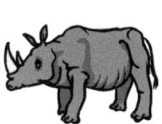

サイ

gergedan

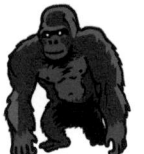

ゴリラ

goril

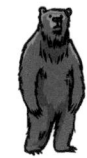

熊

ayı

ラクダ

deve

ダチョウ

deve kuşu

ライオン

aslan

猿

maymun

フラミンゴ

flamingo

オウム

papağan

白クマ

kutup ayısı

ペンギン

penguen

サメ

köpek balığı

クジャク

tavus kuşu

蛇

yılan

ワニ

timsah

飼育係

hayvanat bahçesi görevlisi

アザラシ

fok

ジャガー

jaguar

ポニー

midilli atı

ヒョウ

leopar

カバ

su aygırı

キリン

zürafa

鷲

kartal

雄豚

yaban domuzu

魚

balık

亀

kaplumbağa

セイウチ

mors

狐

tilki

ガゼル

ceylan

アメフト
amerikan futbolu

サイクリング
bisiklete binme

テニス
tenis

バスケットボール
basketbol

水泳
yüzme

ボクシング
boks

アイスホッケー
buz hokeyi

サッカー
futbol

バドミントン
badminton

陸上競技
atletizm

ハンドボール
hentbol

スキー
kayak

ポロ
polo

跳ぶ
atlamak

抱きしめる
sarılmak

笑う
gülmek

歩く
yürümek

歌う
söylemek

祈る
dua etmek

キス
öpmek

夢見る
hayal etmek

書く
yazmak

描く
çizmek

示す
göstermek

押す
itmek

与える
vermek

取る
almak

持っている

sahip olmak

する

yapmak

ある

olmak

立つ

ayakta durmak

走る

koşmak

引く

çekmek

投げる

atmak

落ちる

düşmek

横たわっている

yalan söylemek

待つ

beklemek

運ぶ

taşımak

座る

oturmak

着る

giyinmek

眠る

uyumak

目が覚める

uyanmak

見る
bakmak

泣く
ağlamak

なでる
vurmak

櫛ですく
taramak

話す
konuşmak

理解する
anlamak

質問する
sormak

聞く
dinlemek

飲む
içmek

食べる
yemek

片づける
düzenlemek

愛する
sevmek

料理する
pişirmek

運転する
sürmek

飛ぶ
uçmak

活動 - etkinlikler

ヨットに乗る

denize açılmak

計算する

hesapla

読む

okumak

学ぶ

öğrenmek

働く

çalışmak

結婚する

evlenmek

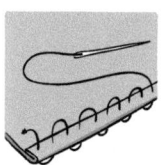

縫う

dikmek

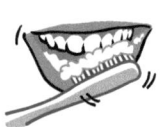

歯を磨く

diş fırçalamak

殺す

öldürmek

喫煙する

sigara içmek

送る

yollamak

家族

aile

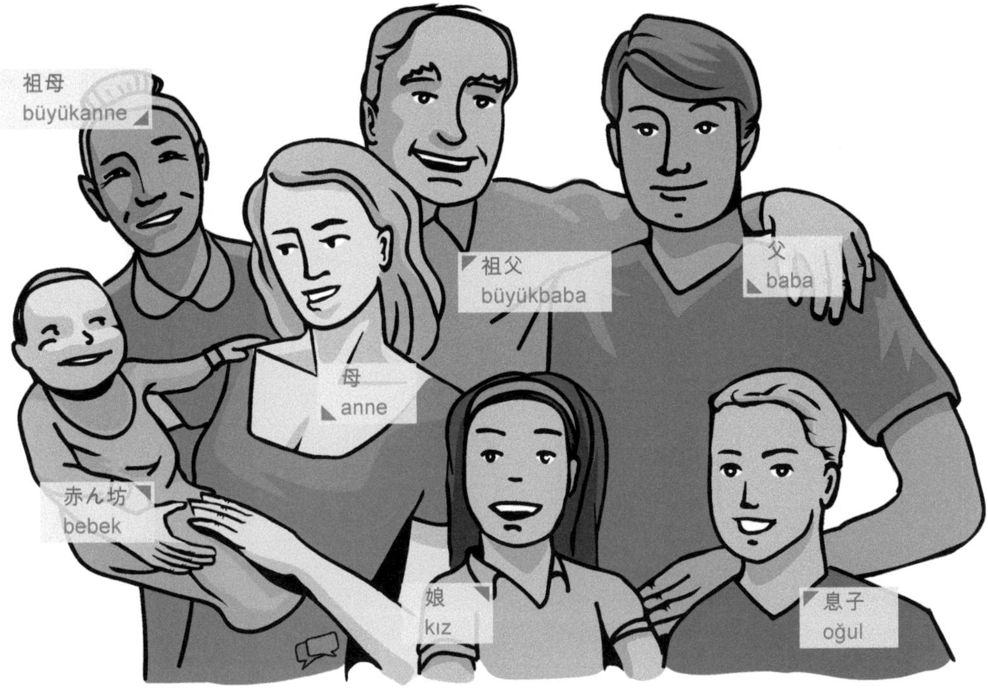

祖母
büyükanne
祖父
büyükbaba
父
baba
母
anne
赤ん坊
bebek
娘
kız
息子
oğul

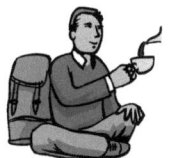

お客様

misafir

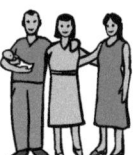

おば

teyze

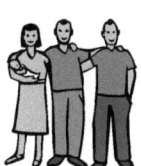

おじ

amca

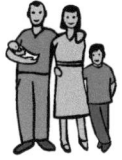

兄弟

erkek kardeş

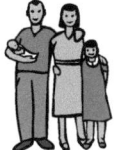

姉妹

kız kardeş

体
vücut

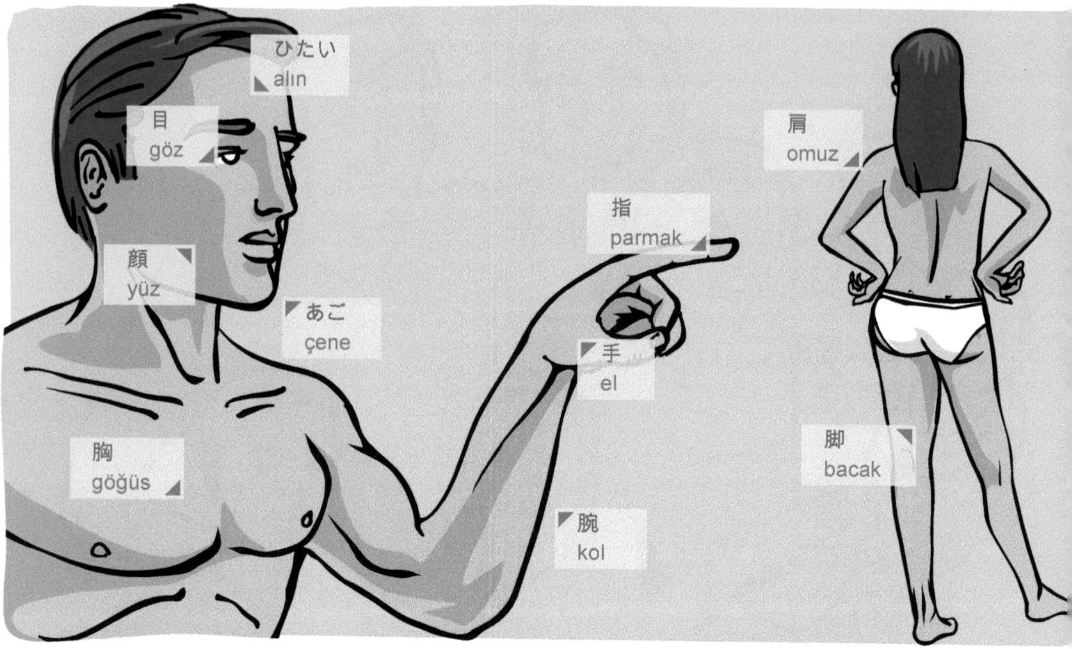

ひたい
alın

目
göz

顔
yüz

あご
çene

胸
göğüs

肩
omuz

指
parmak

手
el

脚
bacak

腕
kol

赤ん坊

bebek

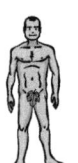

男性

adam

女性

kadın

少女

kız

少年

erkek çocuk

頭

baş

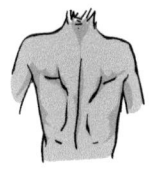

背中
sırt

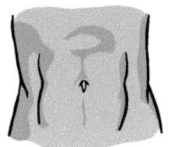

腹
karın

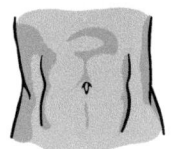

へそ
göbek

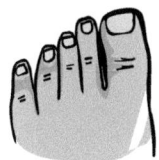

足指
ayak parmağı

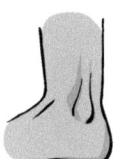

かかと
topuk

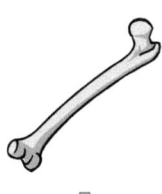

骨
kemik

腰
kalça

ひざ
diz

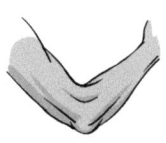

ひじ
dirsek

鼻
burun

尻
kalça

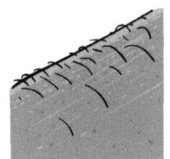

皮膚
deri

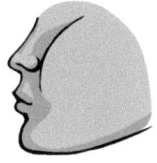

頬
yanak

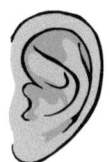

耳
kulak

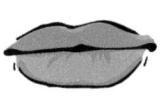

唇
dudak

体 - vücut

口
ağız

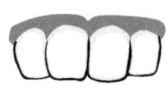

歯
diş

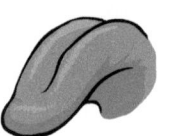

舌
dil

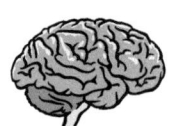

脳
beyin

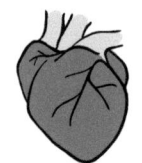

心臓
kalp

筋肉
kas

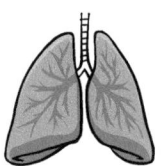

肺
akciğer

肝臓
karaciğer

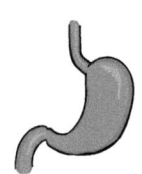

胃
mide

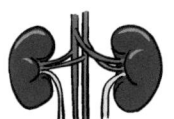

腎臓
böbrekler

セックス
seks

コンドーム
prezervatif

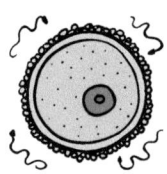

卵細胞
yumurtalık

精液
sperm

妊娠
hamilelik

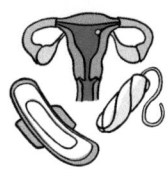

月経

regl

膣

vajina

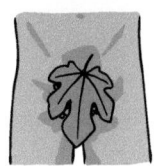

ペニス

penis

眉

kaş

髪

saç

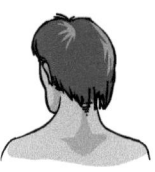

首

boyun

体 - vücut

病院

hastane

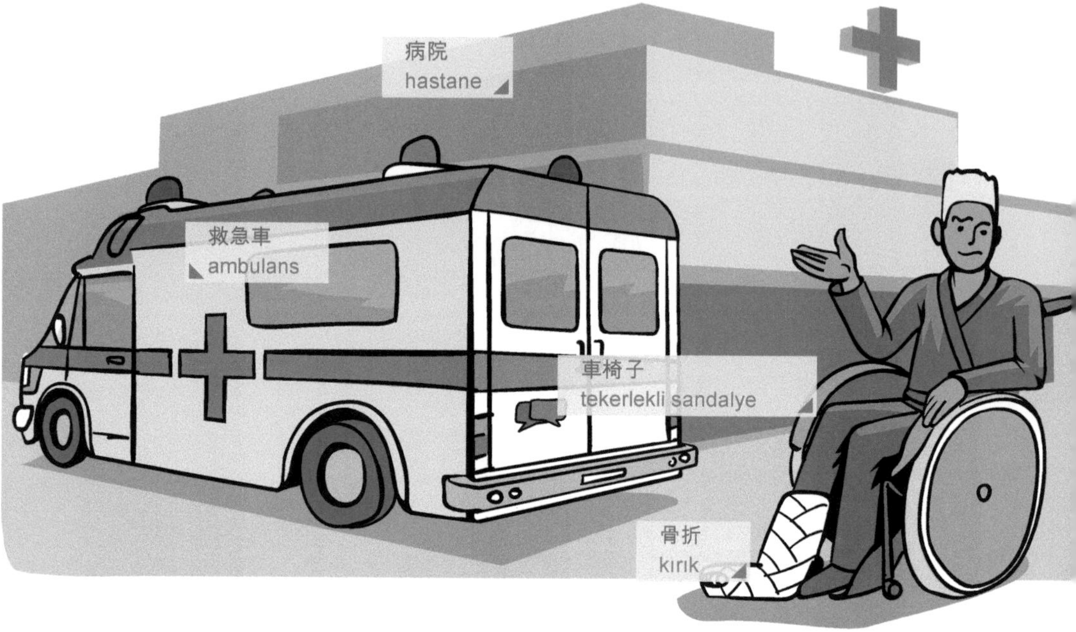

病院
hastane
救急車
ambulans
車椅子
tekerlekli sandalye
骨折
kırık

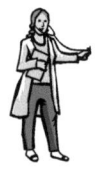

医師

doktor

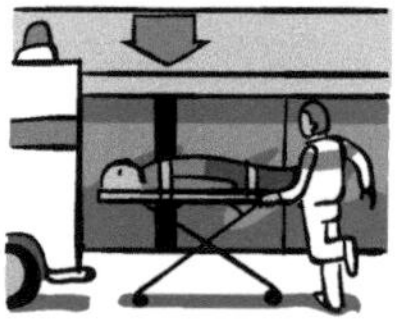

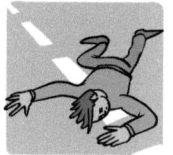

救急治療室

acil servis

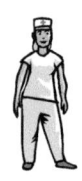

看護師

hemşire

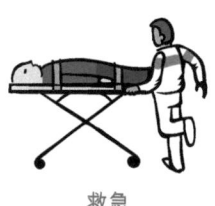

救急

acil

失神

baygın

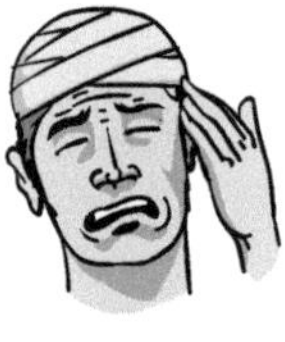

痛み

acı

けが

yaralanma

出血

kanama

心臓発作

kalp krizi

脳卒中

felç

アレルギー

alerji

咳

öksürük

熱

ateş

インフルエンザ

grip

下痢

ishal

頭痛

baş ağrısı

癌

kanser

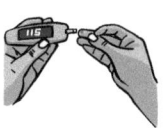

糖尿病

şeker hastalığı

外科医

cerrah

外科用メス

neşter

手術

operasyon

病院 - hastane

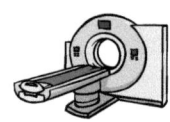

CT

bilgisayarlı tomografi

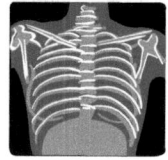

レントゲン

röntgen

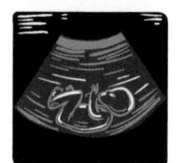

超音波

ultrason

マスク

yüz maskesi

病気

hastalık

待合室

bekleme odası

松葉づえ

koltuk değneği

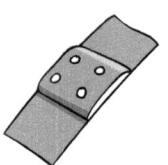

ばんそうこう

yara bandı

包帯

bandaj

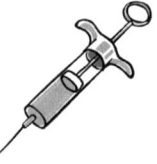

注射

enjeksiyon

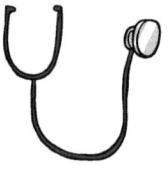

聴診器

steteskop

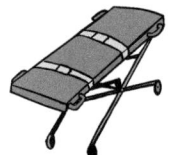

担架

sedye

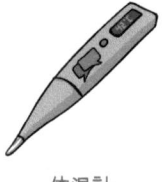

体温計

tıbbi termometre

出産

doğum

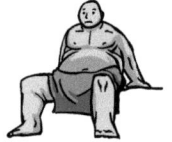

肥満

fazla kilo

補聴器

işitme cihazı

消毒剤

dezenfektan

感染

enfeksiyon

ウイルス

virüs

HIV / エイズ

HIV / AIDS

内服薬

ilaç

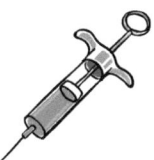

予防接種

aşı

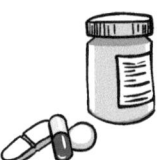

錠剤

tablet

ピル

hap

緊急電話

acil çağrı

血圧計

tansiyon aleti

病気の ／ 健康な

hasta / sağlıklı

病院 - hastane

助けて！

İmdat!

アラーム

alarm

暴行

darp

攻撃

saldırı

危険

tehlike

非常口

acil çıkış

火事だ！

Yangın!

消火器

yangın tüpü

事故

kaza

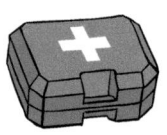

救急箱

ilk yardım çantası

SOS

imdat

警察

polis

ヨーロッパ
Avrupa

北米
Kuzey Amerika

南米
Güney amerika

アフリカ
Afrika

アジア
Asya

オーストラリア
Avustralya

大西洋
Atlantik

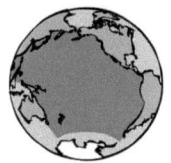

太平洋
Pasifik

インド洋
Hint Okyanusu

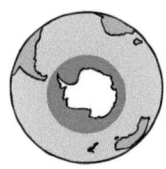

南極海
Antarktika Okyanusu

北極海
Arktik Okyanusu

北極
Kuzey Kutbu

南極
Güney Kutbu

南極大陸
Antarktika

地球
dünya

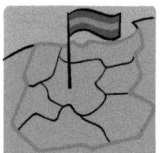

陸
kara

海
deniz

島
ada

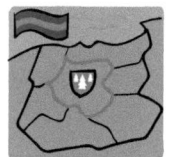

国家
ulus

国家
ülke

文字盤

kadran

短針

akrep

長針

yelkovan

秒針

saniye ibresi

何時ですか？

Saat kaç?

日

gün

時間

zaman

現在

şimdi

デジタル時計

dijital saat

分

dakika

時間

saat

週

hafta

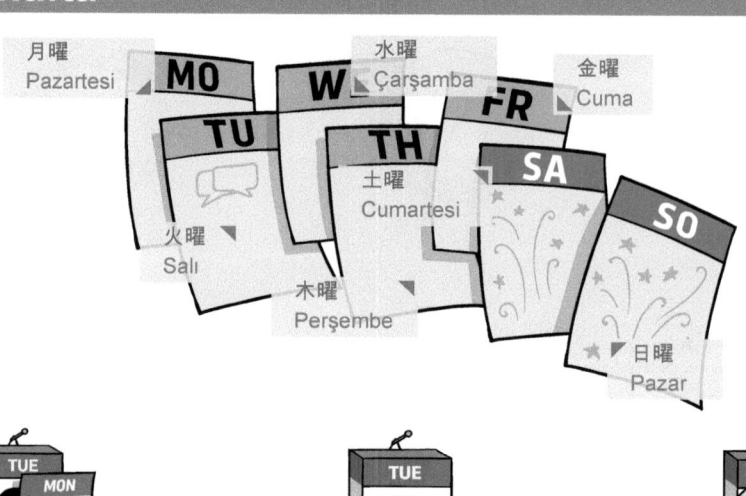

月曜 Pazartesi
火曜 Salı
水曜 Çarşamba
木曜 Perşembe
金曜 Cuma
土曜 Cumartesi
日曜 Pazar

昨日
dün

今日
bugün

明日
yarın

朝
sabah

昼
öğle

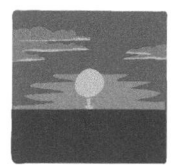

夜
akşam

営業日
iş günleri

週末
hafta sonu

年
yıl

雨
yağmur
虹
gökkuşağı
風
rüzgar
雪
kara
春
bahar
夏
yaz
秋
sonbahar
冬
kış

4.APRIL 11°
5.APRIL 4°
6.APRIL 13°
7.APRIL 8°
8.APRIL 10°

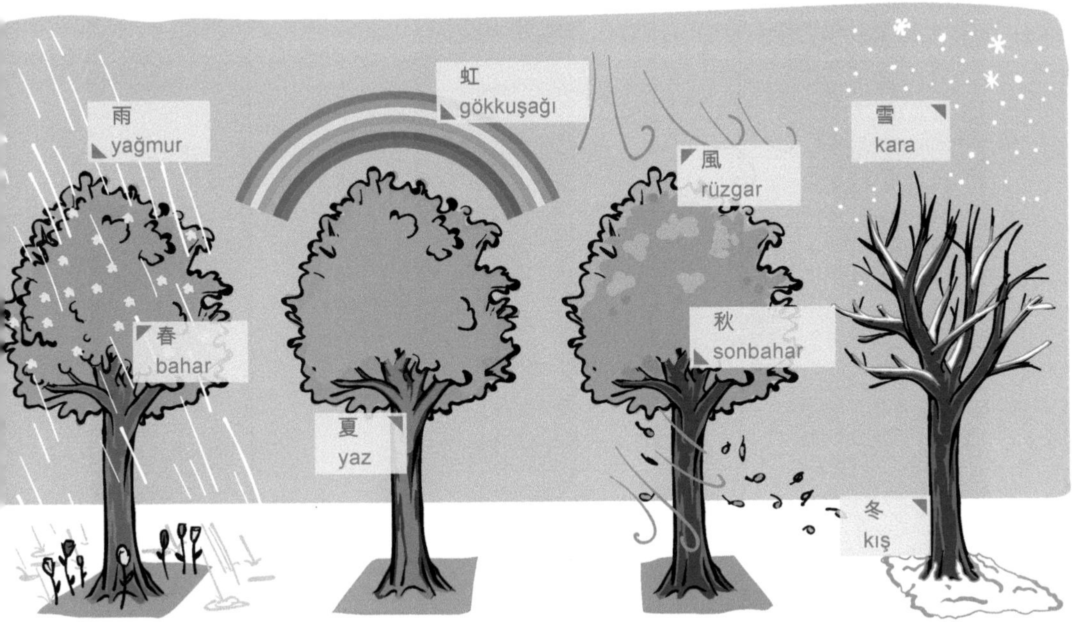

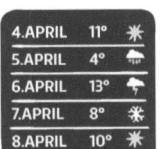

天気予報

hava durumu tahmini

F C
120 40
90 30
60 20
30 10
0 0
-30 -10
-20

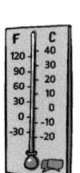

温度計

termometre

日差し

güneş ışığı

雲

bulut

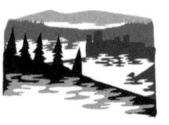

霧

sis

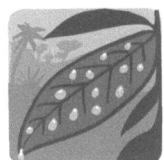

湿度

nem

雷

şimşek

雷

gök gürültüsü

嵐

fırtına

ひょう

dolu

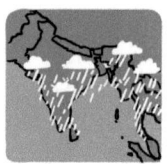

季節風

muson

洪水

sel

氷

buz

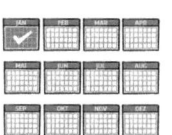

1月

Ocak

2月

Şubat

3月

Mart

4月

Nisan

5月

Mayıs

6月

Haziran

7月

Temmuz

8月

Ağustos

年 - yıl

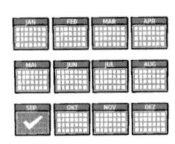

9月
....
Eylül

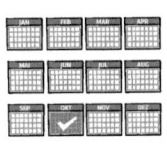

10月
....
Ekim

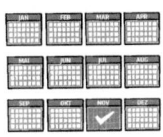

11月
....
Kasım

12月
....
Aralık

形
şekiller

円
....
daire

正方形
....
kare

長方形
....
dikdörtgen

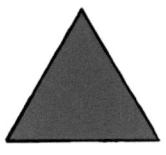

三角
....
üçgen

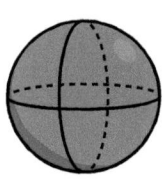

球
....
küre

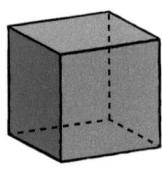

立方体
....
küp

白
....
beyaz

黄
....
sarı

オレンジ
....
turuncu

ピンク
....
pembe

赤
....
kırmızı

紫
....
mor

青
....
mavi

緑
....
yeşil

茶
....
kahverengi

灰色
....
gri

黒
....
siyah

zıt anlamlılar

多い / 少ない

çok / az

怒っている /
落ち着いている
kızgın / sakin

美しい / 醜い

güzel / çirkin

初め / 終わり

başlangıç / son

大きい / 小さい

büyük / küçük

明るい / 暗い

parlak / karanlık

兄弟 / 姉妹

erkek kardeş / kız kardeş

清潔な / 汚い

temiz / kirli

完全な / 不完全な

tamam / eksik

日中 / 夜

gün / gece

死んだ / 生きている

ölü / canlı

幅広い / 狭い

geniş / dar

食べられる /
食べられない
yenilebilir / yenilemez

悪意のある / 親切な
kötü / iyi

興奮している /
退屈じている
heyecanlı / sıkılmış

太った / 痩せた
şişman / zayıf

最初に / 最後に
ilk / son

友人 / 敵
dost / düşman

いっぱいの / 空の
dolu / boş

硬い / 柔らかい
sert / yumuşak

重い / 軽い
ağır / hafif

空腹 / 喉の渇き
açlık / susuzluk

病気の / 健康な
hasta / sağlıklı

違法な / 合法な
yasa dışı / yasal

賢い / 愚かな
zeki / aptal

左に / 右に
sol / sağ

近い / 遠い
yakın / uzak

新しい / 中古の

yeni / kullanılmış

何もない / 何かある

hiçbir şey / bir şey

老いた / 若い

yaşlı / genç

オン / オフ

açma / kapama

開いている /
閉まっている

açık / kapalı

静かな / うるさい

sessiz / gürültülü

裕福な / 貧乏な

zengin / fakir

正しい / 間違っている

doğru / yanlış

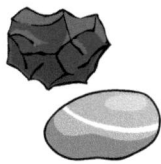

粗い / なめらか

pürüzlü / düz

悲しい / 幸せな

üzgün / mutlu

短い / 長い

kısa / uzun

ゆっくり / 速い

yavaş / hızlı

濡れた / 乾いた

ıslak / kuru

温かい / 冷たい

sıcak / serin

戦争 / 平和

savaş / barış

数

sayılar

0

ゼロ

sıfır

1

1

bir

2

2

iki

3

3

üç

4

4

dört

5

5

beş

6

6

altı

7

7

yedi

8

8

sekiz

9

9

dokuz

10

10

on

11

11

on bir

12

12
on iki

13

13
on üç

14

14
on dört

15

15
on beş

16

16
on altı

17

17
on yedi

18

18
on sekiz

19

19
on dokuz

20

20
yirmi

100

100
yüz

1.000

1000
bin

1.000.000

100万
milyon

数 - sayılar

英語

İngilizce

アメリカ英語

Amerikan İngilizcesi

中国標準語

Çince (Mandarin)

ヒンディー語

Hintçe

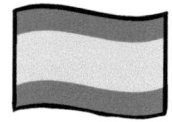

スペイン語

İspanyolca

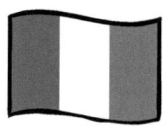

フランス語

Fransızca

アラビア語

Arapça

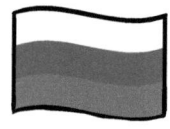

ロシア語

Rusça

ポルトガル語

Portekizce

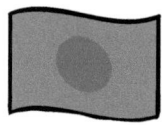

ベンガル語

Bengalce

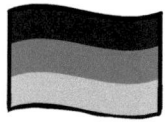

ドイツ語

Almanca

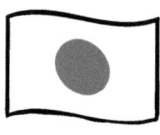

日本語

Japonca

私
ben

あなた
sen

彼 / 彼女 / それ
o

私たち
biz

あなたたち
siz

彼ら
onlar

誰？
kim?

何？
ne?

どうやって？
nasıl?

どこ？
nerede?

いつ？
ne zaman?

名前
isim

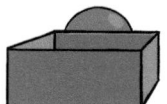

後ろ

arkasında

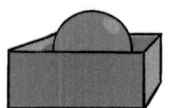

中

içinde

前

önünde

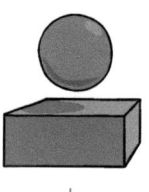

上

üzerinde

上

üstünde

下

altında

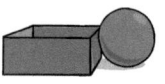

横

yanında

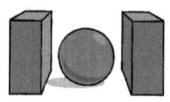

間

arasında

場所

yer